防災・防犯シミュレーション

大地震 そのときどうする？

国崎信江 監修
（危機管理教育研究所代表）

ほるぷ出版

もくじ

マンガ 大地震発生！ そのときどうする!? 4

危機 1 大地震発生！ まずはどうする!? 6
もしも、こんな場所にいるとき地震が起きたら…… 9

危機 2 ゆれがおさまった……。このときやってはいけない行動は？ 11
割れたガラスから足を守る方法 13 ／ 足をけがしてしまったときは…… 13

危機 3 家の中がめちゃくちゃ！ すぐにひなんしたほうがいい？ 14
ひなんする前にやることは？ 17 ／ 火事が起きたらどうする？ 17

危機 4 げんかんのドアが開かない!! 18

危機 5 となりの家の人が家具の下じきになっていた……！ 22

危機 6 余震が続く中、どのルートを通れば安全？ 26
そのほか災害時に気をつけたい場所 29

危機 7 家に帰ってきた！ まずは何をすればいい？ 32

危機 8 トイレが使えない！ どうしたらいい？ 35
ほかにも 地震後にやってはいけない「NG行動」 37

危機 9 夜は何を食べたらいい？ 38
水を大切に使おう！ 41 ／ 水を確保するためのアイデア 41 ／ 家族と連絡がつかないときはどうする？ 42

コラム 1 地震後はどんな生活になる？ 44

コラム 2 今すぐできる防災アクション10 46

はじめに

「防災・防犯シミュレーション」は、マンガの主人公といっしょに、いろいろな危機をどうやってのりこえていったらよいか、自分で考えシミュレーションしながら学ぶシリーズです。

この巻のテーマは「大地震 そのときどうする？」。地震はいつ、どこで起きるかわかりません。地震が起きたらどのように身を守ればよいのか、何に困るのかを知っておくことは、いざというときの助けになるはず。この本を読みながら「自分ならどうする？」と考えて、もしものときにそなえましょう！

わたし、アカネ。小学6年生です。
ある日、弟と家で留守番をしているときに
大きな地震がきたの！
お父さんもお母さんもいなかったから、
自分で考えて行動するしかなくて……。

危機1〜9
この場面ではどう行動すればいいのか、質問を投げかけます。

選択肢1〜3
質問されたことに対する答えを、この中から選びます。

答え＆解説
前のページの質問の答えと、その理由について解説します。

補足情報
さらに知っておいてほしいことについて説明しています。

次のページから、シミュレーションスタート！

大地震発生！そのときどうする！？

ある街のマンションの6階に両親とくらす、アカネ（小6）と弟のケンタ（小4）。いつものようにアカネが学校から帰ってくると……。

大地震発生！ そのときどうする!?

危機 1

大地震発生！まずはどうする!?

キッチンにいるときに、震度6強の地震が発生。食器が落ちてきて、立っているのもむずかしい。家具もたおれてきそうだ！　どうすればいい？

大地震発生！ そのときどうする!?

1 冷蔵庫をおさえる

2 テーブルの下にかくれる

3 キッチンからにげる

この場合はこうしよう！

 3 キッチンからにげる

キッチンにいたら、すぐににげよう！

キッチンは、家の中でいちばん危ない場所です。食器だなや冷蔵庫など大きなものがたおれてきたり、電子レンジがとんできたり、割れものや火など危険がいっぱい！ グラッときたときにキッチンにいたら、すぐにものの少ないろうかなどににげます。火を使っていたら、まずはコンロからはなれ、ゆれがおさまってからスイッチを切ります。IHクッキングヒーターなど、コンロの種類によっては、大きなゆれのときに自動的にスイッチが切れるものも多くあります。ガスの種類によっても、都市ガスなら、震度5以上でガスが止まるようになっています。

ほかを選ぶと……

 1 の場合は……

大きな家具、家電からはすぐにはなれて

重い家電や、背の高い家具の下じきになってしまうと大変です。たおれてくる冷蔵庫の心配よりも、まず何より、自分の身の安全が第一！ たなも、ひきだしが飛びでてきたり、ガラスが割れて飛びちったりして危険です。キッチンからすぐに出られない場合は、ものがたおれてきたり、落ちてきたりしない場所ににげましょう。

 2 の場合は……

テーブルの下が安全とは限らない

学校では机の下にかくれるように習いますが、家ではテーブルが動かないように固定されていなければ、たおれたりすべったりして、かえって危ないことがあります。とにかく、キッチンからすぐに出るのがいちばんですが、まにあわない場合には、テーブルの下にかくれて、上から落ちてくるものから頭を守ります。

もしも、こんな場所にいるとき地震が起きたら……

❗ 家の中にいたら

おふろ場
床がすべりやすくなっているので、あわてると転んで危険です。浴そうのふちにつかまったり、洗面器で頭を守ったりします。ドアを開けられるなら、外に出てタオルで体をおおいましょう。

トイレ
トイレにたまたま入っているときに地震がきたら、あわてて外に出ず、その場で身を守ります。タンクタイプのトイレだと、タンクのふたが飛ぶ危険があるので、おおいかぶさるようにしてふたをおさえましょう。また、ドアが開かなくなる場合もあるので、ドアを開けてスリッパなどをはさみます。

自分の部屋
本だながたおれてきたり、タンスのひきだしが飛びでてくるかもしれないので、大きな家具からはすぐにはなれます。そして、近くにあるまくらやかばん、本などで頭を守りましょう。

❗ 学校にいたら
教室であれば、窓やテレビ、ロッカーなどからはなれ、先生の指示に従います。げた箱の近くや図書室にいたら、すぐにたなからはなれて。校庭にいたら、校舎やブロックべいからはなれ、安全な場所でゆれがおさまるのを待ちます。

ふだんから、ここで地震が起きたら何が危険で、どこににげたらよいのかを考えておくことが大切なんだって！

❗ 買い物中だったら
商品だながたおれてくるかもしれないので、たおれてこない場所にはなれます。買い物かごなどで頭を守るとよいでしょう。出口に向かう人にまきこまれてけがをしないように、柱やかべに身を寄せて、身を低くして体を守ります。

❗ 道路にいたら
ランドセルやかばんで頭を守りながら、ブロックべいや自動販売機、電柱、ビルなどからすぐにはなれます。車の動きにも注意！　コインパーキングなど開けた場所があれば、そこににげましょう。

大地震発生！ そのときどうする!?

危機 2

ゆれがおさまった……。このときやってはいけない行動は？

激しいゆれがおさまった。ふたりにけがはなかったけれど、また余震※があるかもしれない。このあと、やってはいけない行動は次の3つのうちどれ？

1 お母さんに電話をする

2 くつをはく

3 火事が起きていないか、窓の外を見る

※余震……大きな地震のあとに、同じ場所やその近くで起きる小さな地震のこと。最初に起きた大きな地震は「本震」という。

11

やってはいけないＮＧ行動は……？

1 お母さんに電話をする

つながるまで電話をかけ続けない

ゆれがおさまると、すぐにでも家族に自分の無事を知らせたり、家族の無事を確認したくなったりするかもしれません。けれども、余震（→p.11）や津波がくるかもしれないので、電話より**まずは命を守る行動が優先**です。そして、災害時は電話に通信制限がかかり、何度かけてもつながらない可能性も高いのです。まずは自分の身の安全の確保を考え、家族と連絡をとるのは、安全なところで落ちついてからにしましょう。

この場合はこうしよう！

 2 の行動をするわけは……

すぐににげられるようにくつをはいておこう

地震で、窓ガラスが割れたり、部屋にあるものが落ちて割れたりすれば、素足のままでいるとけがをするかもしれません。**足をけがしたらにげることができなくなるので**、まずはくつや底が厚いスリッパをはいて足を守りましょう。また、ヘルメットがあればかぶって頭を守ってください。

 3 の行動をするわけは……

家の中の被害や、火災がないかを確認しよう

自分の身を守るために、家のまわりで火事が起きていないか、くずれている家はないかなど、**状況を知っておくことも必要**です。家の中も、火が出ていないか確認をしましょう。外を見るときは、窓ガラスが割れていないか注意しましょう。また、上階からガラスがふってくるかもしれないので窓から顔や手を出さないようにします。

割れたガラスから足を守る方法

くつやスリッパが近くにないときには、こうして足を守ろう。

⚠ 本や新聞の上を歩く

ガラスが飛びちっていたら、本や新聞などをしいてその上を歩き、くつやスリッパを取りに行きます。

⚠ 毛布や厚地のタオルを巻く

毛布や厚地のタオルで足をくるんで、くつの代わりにしましょう。

足をけがしてしまったときは……

ガラスで足をけがしてしまったときの応急処置を覚えておこう。

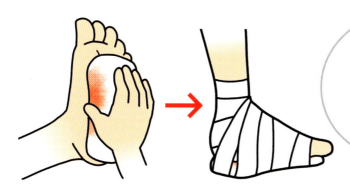 

傷口からガラスの破片などが体内に入っていると危ないので、必ず病院へ行こう！

⚠ 止血する

足を高く上げ、清潔なガーゼやタオルを傷口に強くあてて、きつめにおさえて血を止めます。止血できたら、包帯や三角巾でおおいます。

※大きい破片がささったら、無理にぬかず、そのままで病院に行く。

⚠ 助けを呼ぶ

けがをしたら自分ひとりで何とかしようと無理をせずに、まわりに助けを求めましょう。

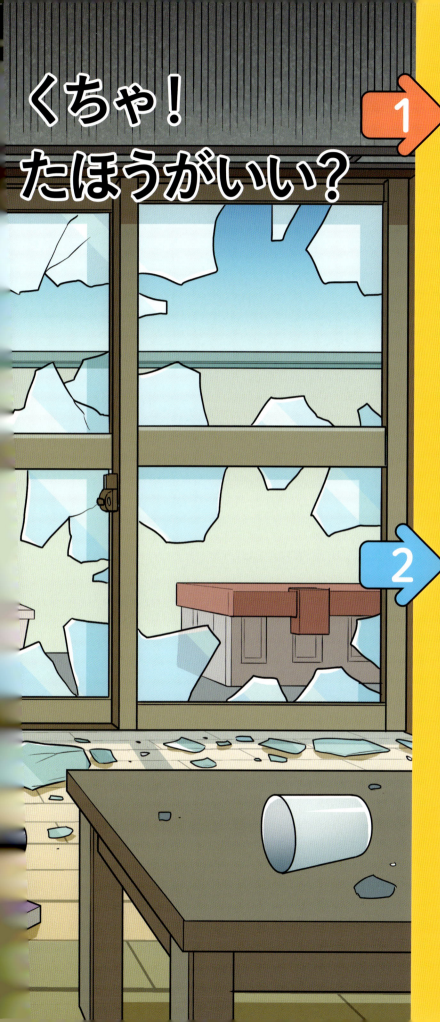

大地震発生！ そのときどうする!?

1 安全を確かめて、家に残る

2 マンションの1階に一時ひなんする

15

この場合はこうしよう！

1 2 どちらでもOK

1 の行動がOKな場合は……

家族で話しあって決めておけばOK

大切なのは、地震がきたらひなんするのかしないのかを、あらかじめ家族で話しあって決めておくことです。地震に強いマンションや家で建物に被害がなければ、家にいてもだいじょうぶ。もし、自宅に残ると決めたのであれば、家具がたおれたりガラスが飛びちったりしていない安全な部屋にいるようにしましょう。その際、げんかんに「家にいます」というはり紙をしておくと、近所の人が気にかけてくれます。

2 の行動がOKな場合は……

家がかたむいたり、危険があればにげよう

家族で決めてあっても、家がかたむいたり、部屋にガラスが飛びちっていたりして危ないという場合には、安全な場所にひなんしましょう。その場合は、げんかんドアの内側に行き先を書いたメモをはっておくと、帰ってきた家族に居場所を伝えられます。自分の家が安全でも、周囲の家がくずれそうになっていたり、火事が起きたりしていればすぐににげます。にげるときは信用できる大人といっしょに行動しましょう。

すぐににげなければいけないとき

- **海のそば**
  津波の危険がある。何も持たずにすぐに高台にひなんする。

- **建物がくずれる危険がある**
  自分の家だけでなく、周辺でくずれそうな建物がないか確かめて。

- **火災の危険がある**
  周囲の人に「火事だ！」と知らせてにげる。無理して消火しようとしないこと。

- **ひなん指示がある**
  ラジオやテレビなどで正しい情報を得る。

大地震発生！ そのときどうする!?

ひなんする前にやることは？

津波や火災が起きているときには、何もせずにとにかくにげよう！

❗ 家族にメモを残す

自分が無事かどうか、どこにいるのかがわかるように、ひなん先などをメモします。どろぼうに入られないよう、げんかんドアの内側にはっておきます。

❗ とじまりをする

窓やげんかんなど、かぎがかけられるところは、すべてかぎをかけて出かけます。

❗ ブレーカーを落とし、ガスの元せんを閉める

たおれた家電などのスイッチが入ったままだと、停電から復旧したあとで火災の原因になるかもしれません。またガスも、復旧後にガスもれがあれば爆発のおそれがあります。近くに助けてくれる大人がいれば、ブレーカーやガスの元せんを閉めてもらいましょう。子どもだけならば、家電の電源プラグをできるだけぬいて、火元を確認してからにげましょう。

火事が起きたらどうする？

1 まずは大きな声で、まわりに知らせる

大声で「火事だ！」とさけんで、まわりの人に知らせて消火を手伝ってもらいましょう。119番にも通報してもらいます。

火事だ〜！

2 火が小さいうちに消す

もし、家の中で火災を発見したら、火が小さいうちに消火器で消します。ただし、炎の高さが自分の背たけをこえていたりして、「危ない」と感じたら、すぐににげて。

3 けむりを吸わないように、いそいでにげる

火災では、けむりを吸って命を落とす危険があります。けむりを吸わないように、ダッシュでにげましょう。

投げる消火器
容器ごと火元に投げて消火するタイプの消火器。子どもにもあつかいやすく、地震後の断水で、水が使えないときにもあると安心。

写真協力／株式会社ファイテック

大地震発生！ そのときどうする!?

ドアが

地震によって、げんかんのドアのわくがゆがむと、開かなくなる場合がある。一戸建ての家なら、窓から出ることができるけれど、アカネの家はマンションの6階。ドアが開かずに閉じこめられてしまったら……!?

1 ドアをたたいて知らせる

2 消防署に電話して助けを求める

3 ベランダから、となりの家へ行く

この場合はこうしよう！

まずは

1 ➡ ドアをたたいて知らせる

気づいてもらえなければ ↓

3 ➡ ベランダから、となりの家へ行く

マンションはとなりの家へひなんができる

けやぶり戸

マンションなど集合住宅のベランダには、となりの家との仕切りになる「けやぶり戸（仕切り板）」がある。非常時にはそこをやぶってとなりににげることができるように、前にはものを置かない。

まずは、げんかんのドアをたたいて、外にいる人に助けを求めてみましょう。外の人に気がついてもらえなかったら、ベランダのけやぶり戸を壊して、おとなりの家へにげましょう。

ほかを選ぶと……

2 ➡ の場合は……

非常時だと、消防署に電話がつながらないかも

地震後は、電話に通信制限がかかり、つながりにくくなります。消防署や警察への電話には制限はかかりませんが、助けを求める電話がたくさんかかってくるため、すぐに助けに来てもらえる可能性が低いかもしれません。そのため、消防署ではなく、近所の人に助けを求めたほうが早いことも多いのです。

ドアが開かずに閉じこめられてしまったら、笛をふいたり、ものをたたいて大きな音を出して、外の人に知らせてもよい。

ミニ情報

けやぶり戸をけるときは、長ぐつをはこう

けやぶり戸は、強く力を入れてけらないとやぶれません。また、やぶれた穴のギザギザでけがをするかもしれないので、けるときには長ぐつをはいて。穴から出るときも、ギザギザに気をつけてくぐりましょう。

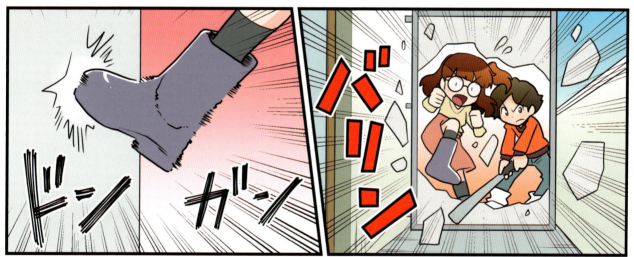

大地震発生！ そのときどうする!?

1 ベランダから
大声で助けを呼ぶ

2 一刻も早く
助けだす

3 となりのげんかんを
出て、助けを呼ぶ

この場合はこうしよう！

▶3 となりのげんかんを出て、助けを呼ぶ

自分だけで助けようとせず まわりの人に協力してもらおう

子どもだけで助けようとするのは、さらなる事故に巻きこまれるかもしれず、とても危険です。マンションの同じ階の人やろうかを歩いている人など、近くの大人に声をかけて連れてくるようにします。家具をどかす際には、車のジャッキを使ったり、バールという工具などで「てこの原理」で持ちあげるとよいでしょう。数人の大人が力を合わせたほうが、助けだせる可能性は高くなります。

できるだけ早く助けるには、はずかしがらずに、とにかく近くにいる人に声をかけて。

ほかを選ぶと……

 の場合は……

非常時は上階からだと 声が届かないかも

アカネたちがいるのは6階です。マンションの5、6階くらいの高さから声をかけても、とくに非常時は地上にいる人には何を言っているのか伝わりにくいかもしれません。そんなときは、げんかんから外に出て、近くにいる人を直接呼んでくるほうが確実です。

 の場合は……

自分だけで助けようと するのは危ない

下じきになった大人が自分で動かせないほどの重さの家具であれば、子どもたちの力で動かすのはむずかしいでしょう。また、たおれた家具をへたに動かすことで、ほかの家具までくずれてくるなどの危険があるかもしれません。必ず、大人を呼んできてください。

大地震発生！ そのときどうする!?

> 田中さん がんばって!!

🖐 ミニ情報

自分がはさまれたときの対処法

- まずは自分のようすを知る。どこが痛いか、体のどこがはさまれているかを確認する。
- ほこりがまいあがるので、吸いこまないように、ほこりがしずまるまでは声を出さない。
- むやみに大声を出さずに、ものをたたいて音をさせたり、人の気配がしたときにだけ声を出すようにして、体力を残す。
- 長時間はさまれたままだと、血の流れが止まってしまうので、手足の先を動かして血のめぐりをよくする。
- 助かるという希望を捨てない。
- 救出されたら、けががなくてもすぐに病院へ行く。

> ありがとう

> これから田中さんを病院へ連れていくけど、きみたちも1階までいっしょに行くかい？
>
> ハイ！

そのころお母さんは——

グラ グラ

○○病院

> 余震が続くわね……
>
> 子どもたちはだいじょうぶかしら……

> こっちはいいからアカネとケンタのところへ帰りなさい

> そうね　ここから家までは近いし、わたしは帰るね

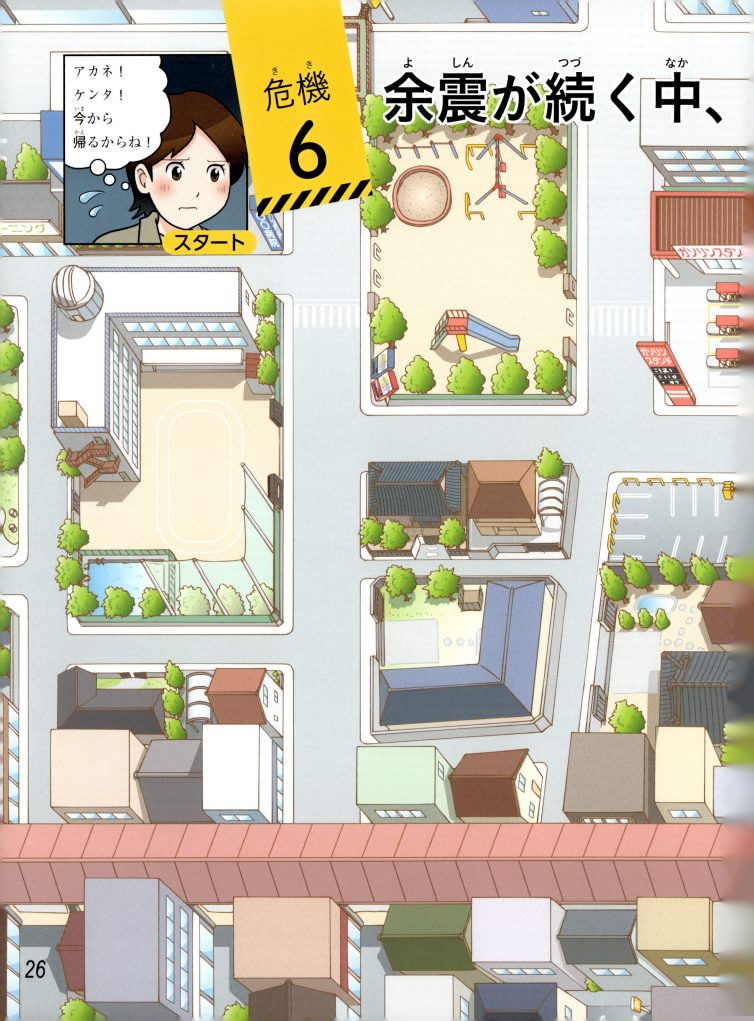

どのルートを通れば安全？

病院から、マンションまで歩いて帰るお母さん。ときどき余震（→p.11）でゆれる中、どのルートを通ればいちばん安全に帰れるだろうか？

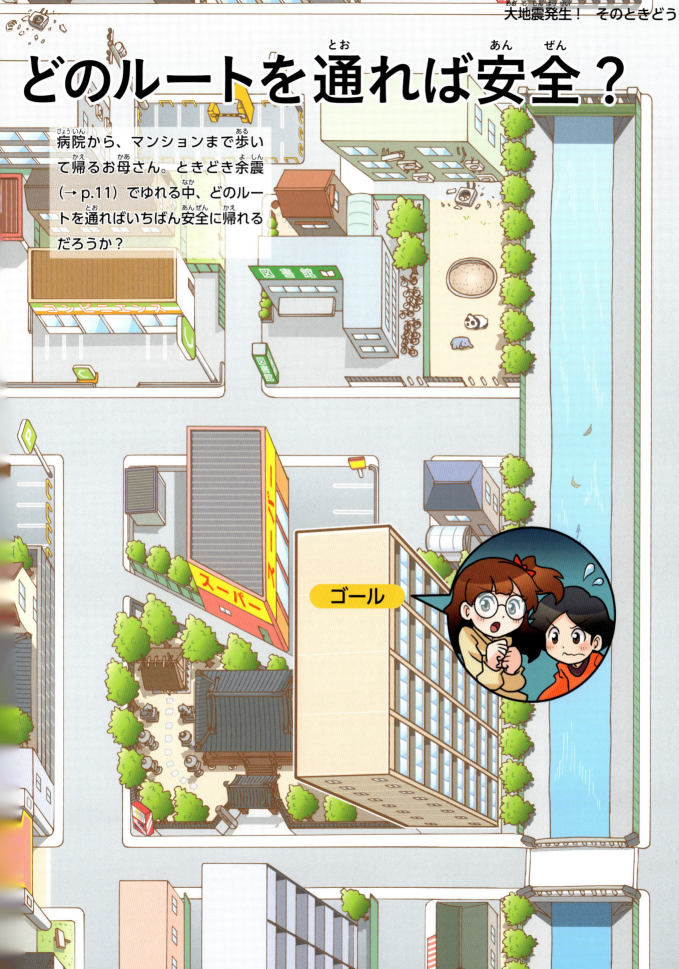

この場合はこうしよう！

このルートが安全！

くずれてくるものがなく、危険がなさそうなルートを選びます。空が赤くなっていたら火事かもしれないので、その方向には行かないこと！

◯ コンビニやガソリンスタンドは安全

ガソリンスタンドは、危険物であるガソリンをあつかうため、じょうぶにつくられています。コンビニエンスストアも1階だての平屋であれば、くずれる心配はありません。

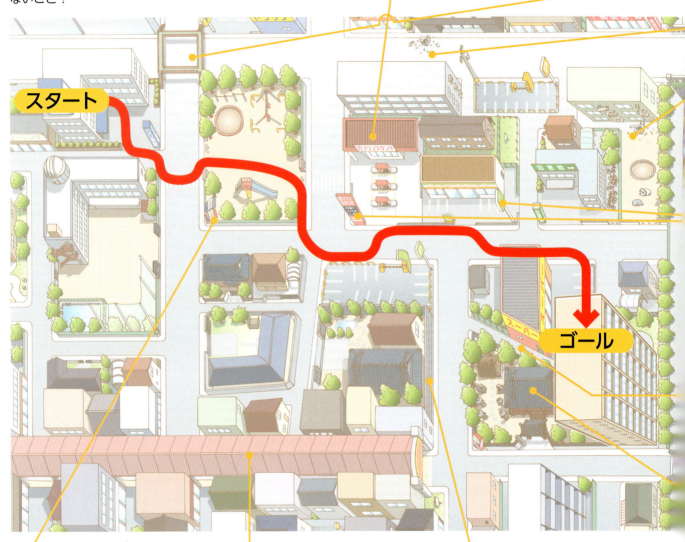

✕ 自動販売機がたおれてくるかも

固定されていない自動販売機はたおれてきます。ジュースが入っていない状態で250〜450kgという重さがあるので、下じきになると大変です。

✕ アーケードは落ちてくるかも

商店街をおおうアーケードは、くずれ落ちてくる心配があります。通行中、ゆれを感じたときは商店街から出ましょう。

✕ ブロックべいはたおれてくるかも

ブロックべいや、石べいは、たおれる危険があります。ゆれを感じたらすぐにそばからはなれましょう。

大地震発生！　そのときどうする⁉

❌ 車どおりが激しい道は要注意
車がたくさん通る道は、車がつっこんでくるかもしれません。また、歩道橋はたおれる危険があるのでわたらないで！

❌ アパートは、エアコンの室外機が落ちてくるかも
エアコンの室外機は、固定されていますが、地震のときには落ちてくることがあります。また、ベランダにある植木ばちなどにも注意！

❌ 看板が割れて落ちてくるかも
お店の看板やビルのかべにとりつけられた看板が、割れたり、落ちてきたり、たおれてきたりするかもしれません。看板の近くはさけて通ります。

❌ せまい道はにげ場がない
ブロックべいがくずれてきたりして、行く手をふさがれてしまうかもしれません。まわり道になるとしても、広い道を選んだほうが安全です。

❌ お寺や神社はいろいろ危ない
神社の鳥居やお寺の灯ろうなど、石でできたものがたおれてくるかもしれません。また、神社やお寺は古い建物が多く、壊れると危険です。

そのほか災害時に気をつけたい場所

電信柱
液状化※などで、電信柱がたおれることも。また、電線が切れてたれさがっていたり、たれた電線が水たまりや木にふれていたりすると、感電の危険があります。近づいてはいけません。

橋
古い橋はくずれるおそれがあります。わたっている最中に地震がきたら、急いでもどるか、わたりきるかしましょう。

オフィス街
高いビルがあり、道もせまいオフィス街は、地震が起きたら危険な場所です。割れたガラスがふってくるおそれもあります。

トンネル
天井や、かべがくずれ落ちる危険があります。通行中にゆれを感じたら、どちらか近いほうの出口からすぐににげます。

マンホール
地震による液状化※で、マンホールのふたが道路から盛りあがることがあります。また、津波が川をさかのぼり（→ p.31）マンホールから水がふきだすこともあります。

山
落石や山くずれ、がけくずれ、土石流※などのおそれがあります。「ゴー」などという音（山鳴り）がしたら、山には近づかないでください。

※液状化……海や川をうめたてた土地など、地下水の水位が高い砂の地ばんが液体のようになること。
※土石流……山や谷の土砂が水とともに一気におし流されること。

ミニ情報

災害時、エレベーターは使わない

エレベーターは、ちょっとしたゆれでも止まってしまう可能性が高いので、ゆれを感じたら乗らないように！　また、停電した場合も、エレベーターの中に閉じこめられてしまいます。もしエレベーターに乗っているときに地震にあったら、いちばん近い階のボタンをおして、早めに降りましょう。

ミニ情報

津波は川を逆流してくることがある

津波は、海の近くだけではなく、川の近くでも注意が必要です。おし寄せた波が河口から入り、川下から川上に向かって逆流することがあります。津波が来る前に、高い場所にひなんし、川からもはなれましょう。

大地震発生！ そのときどうする!?

きた！すればいい？

自分の家にもどってきたけど、部屋の中はめちゃくちゃ。だんだん外も暗くなってきて……。まずは、何をしたらいいだろうか？

1 ろうそくに火をつけあかるくする

2 暗くなる前に食事の準備をする

3 あと片づけをする

この場合はこうしよう！

 あと片づけをする

危なくないように まずは片づけよう

片づけはあとでいいと思ってしまいますが、ガラスが飛びちっている中で生活するのは危険です。また、窓が割れていると、不審者に侵入されるおそれもあります。安全にすごせるよう、まずは片づけから始めます。停電していると、そうじ機は使えません。ほうきとちりとりといった学校のそうじのやり方が役立ちます。割れた窓ガラスは、手袋をして片づけ、テープでほしゅう。たおれた家具は、ゆれが落ちつくまで起こさないようにしましょう（→ p.37）。

ほかを選ぶと……

  の場合は……

ガスもれを確認するまでは 火は使わないで

ガスがもれていると、火をつけたら爆発を起こしてしまうため、ろうそくや火を使う調理はNG。まずは、窓を開けて、ガスもれがないか確認をします。部屋が暗いときには、携帯電話のあかりなどを活用できます。電気がつくようであれば、電気調理器やIHクッキングヒーターは使ってもだいじょうぶです。

☝ミニ情報

片づけの前に着がえよう

片づけをするときに、半ズボンやスカートをはいていて足が出ていると、けがをするかもしれません。まずは、長ズボンに着がえ、手ぶくろをつけましょう。ほこりを吸わないように、マスクもつけて！

大地震発生！ そのときどうする!?

危機 8
トイレが使えない！どうしたらいい？

停電と断水でトイレが使えない。どうすればいい!?

水が流れない！

どうしよう!?

1 便器にビニールをしいて使う

2 おふろの水で流す

3 ひなん所のトイレまで行く

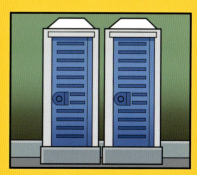

この場合はこうしよう！

1 便器にビニールをしいて使う

大地震の直後は水は流さないようにする

大地震が発生して困ることのひとつが、トイレです。停電でトイレの機能が使えなくなったり、断水で、流す水が出なくなったりするからです。また、地震によって水が流れていく下水管が壊れる場合も考えられるので、水を流してもいいかどうかを確認しなくてはいけません。

大地震の直後はトイレの水は流さず、右の写真のように便器にゴミぶくろなどのビニールをしいて、新聞紙のような水を吸うものを入れて使うようにしましょう。市販で、災害やアウトドアで使える非常用トイレのキットもあります。

非常用トイレの作り方

ゴミぶくろなどのビニールぶくろを2枚用意する。まず、便座をあげて1枚目を便器にかけて、水面をふさぐ。便座をおろして、2枚目をとりつけて、新聞紙などを入れる。用を足したら2枚目（上）のビニールだけをまとめて捨てる。

ほかを選ぶと……

 2 の場合は……

下水管が壊れていると逆流や水もれが起こる

トイレの水は、下水管に流れていきます。地震で、この下水管も壊れる可能性があります。下水管が壊れると、使った水が流れず、<u>つまったり逆流</u>したりします。とくにマンションでは、下水管がほかの家ともつながっているため、壊れてずれていると、<u>ほかの家で水もれする</u>おそれがあるのです。

 3 の場合は……

ひなん所のトイレは大行列ができる

ひなん所には仮設トイレが設置されますが、<u>数は十分とはいえません</u>。そのため、大行列になり数時間待ちになってしまうことも。トイレが不便だと、トイレに行く回数を減らしたくて、水や食べ物をがまんして、体調をくずしてしまう人もいます。

ほかにも

地震後にやってはいけない「NG行動」

知らないとついやってしまうかもしれませんが、地震後はこんな行動に気をつけましょう。

⚠ たおれた家具を起こさない

地震でたおれた家具は、ゆれが落ちつくまで部屋のすみにたおれたままにしておきましょう。起こしても、また余震（→p.11）でたおれるおそれがあるのでかえって危険です。

⚠ トイレのドアは閉めない

建物に問題がなくても、ドアのわくがゆがんだりして、開かなくなる場合があります。トイレでも部屋のドアでも、開けっぱなしにしておきましょう。余震でドアがバタバタ開いたり閉まったりしないように、固定しておくのがおすすめです。

⚠ ひとりで外に行かない

地震で建物が壊れていたり、危ない場所もあります。また、地震後は犯罪が増えるといわれています。ひなんして留守にしている家などをねらって、強盗犯がウロウロしているかもしれません。事故や事件にまきこまれないように、ひとりで行動をしないようにしてください。

⚠ 落ちそうなものを元にもどさない

かべにかかっている時計などが地震で落ちていたら、そのまま床においておきましょう。本も、本だなから下ろしておいたほうが危なくありません。とくに重いものは、たなから床に下ろしておくと安全。

⚠ 落ちた食べものは、きれいに見えても食べない

見た目によごれていなくても、細かいガラスの破片がついているかもしれません。もったいないからといって、落ちた食べものを口にするのはやめましょう。

⚠ 自分の部屋にひとりでこもらない

電気などのエネルギーの節約のために、なるべく家族いっしょにすごすようにします。おたがいの安全もすぐに確認できますし、何かあればすぐいっしょに行動することができます。

> ひなん所でも、トイレにひとりで行かないようにしたり、ねるときは家族の間にねるようにしたり、注意が必要だよ。

大地震発生！ そのときどうする!?

片づけも終わり、食事の準備をすることに。家にあるもののうち、最初に何を食べるのがいいだろうか？

1 非常食

2 冷蔵庫の中にあるもの

3 カップラーメン

この場合はこうしよう！

2 冷蔵庫の中にあるもの

いたみやすいものから食べよう

停電した場合、冷蔵庫の中のものは時間がたつと、いたんで食べられなくなってしまいます。自宅での被災生活（→P.44）が何日続くかわからないので、まずは冷蔵庫の中にあるものから食べるようにします。冷蔵庫は、なるべくドアの開け閉めをしないようにしましょう。いたみそうな食材は、すぐに食べきれなければ、冷凍庫や保冷剤を入れたクーラーボックスに移しておきます。

ほかを選ぶと……

 1 の場合は……

被災生活が長引いたときのためにとっておこう

水やガス、電気などが使えない被災生活がどのくらい続くかわかりません。大きな地震の直後は、物流もストップし、スーパーなどで食材を手に入れるのも難しくなることがあります。保存がきく非常食は、ほかに食べるものがないというときのためにとっておきましょう。

 3 の場合は……

お湯をたくさん使うのでさけたほうがいい

これまでも震災直後は、スーパーなどで、インスタントラーメンが売りきれました。非常時に便利というイメージがあるかもしれませんが、家族分用意すれば、大切な飲み水をそれだけたくさん使います。1回の食事で貴重な水を使い、お湯をわかす手間を考えると、別のものがおすすめ。

水を大切に使おう！

地震で断水になったときに役立つ、水を節約するいろいろなアイデアがあります。

❗ 水を使いまわす

お米をといだ水で食器を洗うなど、一度使った水をすぐに捨てずに使いまわします。

❗ ウェットティッシュやぬれタオル、布を利用

手や顔のよごれを落としたり、おふろに入れないときに体をふいたりするのにぬれタオルなどを使い、清潔を保ちます。かみも、地肌をぬれタオルなどでふくとさっぱりします。

❗ 食器にラップをかけて使う

お皿にラップをかけて使い、食べおわったらラップだけを捨てます。食器を洗わずにすみます。

❗ 少ない水でつまみ洗い

くつ下や下着は、よごれた部分だけぬらしてもみ洗いすることで、少ない水できれいにできます。

水を確保するためのアイデア

おうちの人と相談して、いろいろな方法で、ふだんから水をたくわえておきましょう。

1 冷凍庫にペットボトルを入れておく

ペットボトルに水を入れて凍らせておきましょう。保冷剤として使えますし、とけたら飲料水として飲むことができます。
※凍ったときに破裂することがあるので、満タンにしない。

2 氷をたくさん作っておく

ふだんから、氷をたくさん作ってためておきます。また、夏によく食べるチューチューアイス（氷菓子）も、保冷剤の代わりになったり、とかすとジュースに。冷凍庫にそなえておいてもいいですね。

チューチューアイスは、夏の暑いときには首に巻いたりおでこを冷やしたりもできる。

3 くだものをたくさん置いておく

ふだんからくだものを食べる習慣をつけて、買っておくのがおすすめ。いざというときはくだものでも水分補給できます。

自分の好きなジュースを買っておくことも、大切なそなえになるんだ！

家族と連絡がつかないときはどうする?

災害時は電話がつながりにくくなるため、次のような方法を覚えておきましょう。

⚠️ 公衆電話

家の電話よりつながりやすくなっています。テレフォンカードか10円でかけますが、停電時はテレフォンカードが使えないため、防災グッズに10円玉を数枚入れておきましょう。大きな地震のときには、公衆電話は無料で使え、10円玉はもどります。ひなん所にも公衆電話が設置されます。

大人に使い方を聞いておき、家の近所で、公衆電話がある場所を確認しておこう!

⚠️ 災害用伝言ダイヤル171

電話がかかりにくい被災地でも、伝言を残したり聞いたりすることができます。あらかじめ、家族で使い方を確認しておくといいですね。

使い方

●伝言を録音する
1. 171に電話をかける。
2. 案内の声に従い、録音する「1」をおす。
3. 案内の声に従い、連絡をとりたい人の電話番号をおす。
4. 伝言ダイヤルセンターに接続されたら、30秒以内でメッセージを残す。

●伝言を聞く
1. 171に電話をかける。
2. 案内の声に従い、録音を聞く「2」をおす。
3. 案内の声に従い、連絡をとりたい人の電話番号をおす。
4. 伝言ダイヤルセンターに接続されたら、残されているメッセージを再生する。

コラム1

地震後はどんな生活になる?

自宅ですごす? ひなんする?

自宅が危険ならひなん所で、自宅が無事なら家で被災生活を送ります。自宅にいる人も、家にあるもので工夫しながら、情報や配給を得るためにひなん所に通います。学校がひなん所になることが多く、しばらく学校にも通えません。生活ががらりと変わってしまうのです。

どうしたらいい?

- できるだけふだん通りに、規則正しい生活を
- 勉強や体を動かす時間もつくる
- 不安や悲しい気持ちをがまんせず、大人に話す

ひなん所での生活

生活

教室や体育館など広い部屋で、知らない人たちと共同生活を送ることになります。食事やおふろ、トイレなど、何をする場合も行列に並んで待たなければならず、ストレスを感じることも。

どうしたらいい?

- 集団生活のルールを守る
- おたがいに思いやりの気持ちをもって助けあう

食事

ひなん所には、かしパンやおかしなどがたくさん届くかもしれません。食事の時間以外に配られることもあるので、ダラダラ食べてしまい、むし歯になってしまう場合も。

どうしたらいい?

- ふだんと同じように、食事の時間を決める
- 野菜などもバランスよくとる
- 食べたら液体歯みがきや歯みがきシートなどでみがく

健康

冬は暖房が、夏は冷房が不十分で、体調をくずしやすくなります。また、かぜをひいている人がいると感染しやすくなります。

どうしたらいい?

- 着るもので調整したり、カイロやうちわを使う工夫もあるけど、がまんせず大人にたよろう!
- せきやくしゃみをうつしたり、うつされたりしないようにマスクをする

大きな地震にショックを受けると、体だけではなく心がつらくなることがあります。つらい気持ちに「大変なのは自分だけじゃない」とふたをしてしまうと、心がさらにつらくなってしまいます。家族や友だちなどに声をかけて話を聞いたり、聞いてもらったりすることで、おたがいつらい気持ちが少し楽になることもあります。

大地震発生！　そのときどうする!?

大地震などの災害にあうことを「被災」といいます。
大地震のそのあと、どんな生活になるかを知って、ふだんからできるそなえをしておきましょう。

電気、ガス、水道が使えなくなる

生活に必要な水や電気やガスの供給が止まってしまいます。飲み水、食事、手洗い、おふろ、トイレ、洗たく、そうじ、情報を得ることなど、生活のさまざまなことに困ります。

どうしたらいい？
- 飲み水はあるていど買いおきし、節約しながら使う（→ p.41）
- 市販の非常用トイレや発電機、卓上コンロなどを用意しておく

情報が混乱する

テレビを見ることができず、電話も通じないので、正しい情報が入りにくくなります。インターネット上ではまちがった情報が流れたりして、うそやうわさで混乱することがあります。

どうしたらいい？
- 情報は信頼できるところから！
- テレビが見られないときは、ラジオがおすすめ
- 市区町村の広報車などが伝える、地域の情報をしっかり聞く

道路や電車が使えなくなる

路面がくずれたり、がけくずれなどで道路がふさがって通れなくなります。渋滞が起こり、消防や救急などの緊急車両が助けに行けなくなります。電車は、線路が壊れたり、脱線したりして、動かなくなります。

どうしたらいい？
- 近所の人で助けあって消火や救助を行う
- 病院に通院できないときはひなん所に来てくれる医師に相談する
- 自分たちの移動は、基本的には歩きで

食料や日用品が手に入りにくくなる

震災後は、水や食料品、日用品を買い求める人が店におしよせます。道路が通れなくなった場合、品切れでも新しい商品が届きません。

どうしたらいい？
- ふだんから、数日分すごせるだけの水、食料、日用品はそなえておく
- 非常用持ち出しぶくろにも、水、食料、生活に必要なものを入れておく
- 地震後には必要以上に商品を買いしめない

コラム 2

今すぐできる防災アクション10

地震はいつ起こるかわかりません。大切なのは、ふだんからそなえておくこと。まずは、こんなことから防災を考えてみましょう。

1 ☐ 整理整とんをする

地震がきたときに、たなや机にものが積んであったり、床にものがちらかっていると、くずれてきたり、にげるときにじゃまになったりしてしまいます。

片づけしておくのも、防災になるんだね！

2 ☐ 出かけるときは、おうちの人に行き先を伝える

もしものときに居場所がわからないと、助けることができません。事件や事故にあってしまったときのためにも、「どこに行くのか」「何時に帰るのか」は必ずおうちの人に伝えてください。

3 ☐ 行けるときにトイレに行く

地震後は、トイレが長時間使えなくなることがあります。家でも外出先でも、ふだんからトイレはがまんせず、こまめに行くクセをつけておきましょう。

4 ☐ おうちの人の連絡先を持ち歩く

何かあったときに、おうちの人とすぐに連絡がとれますか？ 地震が起こったとき、家にいるとは限りません。携帯電話の番号、勤め先の番号など、どこに連絡をとればよいのか聞いて、番号をひかえたメモを持っておきましょう。

5 ☐ かばんに、ミニ防災グッズを入れる

外出先で地震にあうと、自宅に非常用持ち出しぶくろを取りに帰ることはできないかもしれません。おかしなど、学校に持っていくことはできないものもありますが、万が一にそなえて、ミニ防災グッズのセットを持っておくと安心です。

たとえば
- 家族の連絡先メモ
- 笛
- あめなどの非常食
- 小銭
- ウエットティッシュ
　　　　　　　　　　など

大地震発生！ そのときどうする!?

6 防災の本を3冊読む ☐

この本のように、子ども向けの防災の本はたくさんあります。そうした本を読むことで、どんなそなえが必要なのか、どんなことに注意をしたらよいのかがわかります。

7 防災センターに行ってみる ☐

全国に、防災体験ができる防災センターがあります。震度6や7といったゆれがどういうものか、火災のけむりのこわさなど、体験することができます。

8 今、地震が起きたら……と想像してみる ☐

教室の自分の席や、通学路、公園や遊園地など、あらゆる場所で「今、大きな地震がきたら？」と想像してみてください。「あのかべがたおれてきたら危険だな」とか「あれが落ちてくるかもな」などと、危険をシミュレーションする習慣をもつことで、いざというときに危険をかわすことができます。

9 地域やマンションのひなん訓練に参加する ☐

学校でひなん訓練をするように、マンションや住んでいる地域で行われるひなん訓練にも参加してみましょう。近所の人どうしおたがいに顔を知っておくだけでも、困ったときに助けてもらいやすくなります。

10 家族で話しあう ☐

地震が起きたとき、家族がいっしょにいるとは限りません。連絡がつかないときどうすればいいか、ひなんするとしたらどこにするかなどを、あらかじめ家族で話しあって、決めておきましょう。非常用持ち出しぶくろや非常食、救急箱などがどこにあるのかも、家族みんなが知っていなければいけません。
また、家からひなん場所までの安全なルートや、病院や公衆電話のある場所を確認し、「わが家の防災マップ」を作っておくとよいでしょう。

✓ 何こチェックがついたか確認してみよう！

チェックが **8〜10**こ ▶ **A**ランク　そなえはバッチリだね！

チェックが **4〜7**こ ▶ **B**ランク　あと少し、できることからやってみよう。

チェックが **0〜3**こ ▶ **C**ランク　今すぐにできることがないか見直そう。

【監修】国崎信江（くにざき・のぶえ）

危機管理教育研究所代表。横浜市生まれ。生活者の視点で防災・防犯・事故防止対策を提唱している。地震調査研究推進本部政策委員会などの国や自治体の防災関連の委員を務め、現在は講演活動を中心にテレビや新聞などのメディアに情報提供を行っているほか、被災地での支援活動を継続して行っている。主な著書に、『決定版！巨大地震から子どもを守る50の方法』（ブロンズ新社）、『サバイバルブック―大地震発生その時どうする？』（日本経済新聞出版社）、監修に『じしんのえほん こんなときどうするの？』（ポプラ社）、『やさしくわかるぼうさい・ぼうはんのえほん』シリーズ（金の星社）など多数。

防災・防犯シミュレーション 大地震 そのときどうする？

2018年10月26日　第1刷発行
2020年2月5日　第2刷発行

監　修	国崎信江
発行者	中村宏平
発　行	株式会社ほるぷ出版
	〒101-0051　東京都千代田区神田神保町3-2-6
	電話　03-6261-6691　FAX 03-6261-6692
印　刷	共同印刷株式会社
製　本	株式会社ハッコー製本

漫　画	おぎのひとし
装丁・本文デザイン	山口秀昭（Studio Flavor）
イラスト	斉藤ロジョコ、山本篤
編集協力	株式会社スリーシーズン
DTP・デザイン協力	島村千代子
写真協力	株式会社ファイテック（P.17）

ISBN978-4-593-58789-6 ／ NDC369 ／ 48P ／ 270×210mm
Printed in Japan

乱丁・落丁がありましたら、小社営業部宛にお送りください。
送料小社負担にてお取り替えいたします。